жираф

giraffe

kangaroo

буболечка

bug

маймуна

monkey

октопод

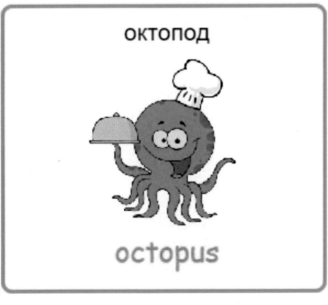

octopus

заек

rabbit

акула

shark

тигър

tiger

як

yak

зебра

zebra

алигатор

alligator

куче

dog

2

папагал

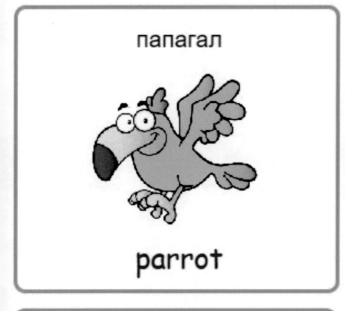

parrot

животни

animals

овца

sheep

червей

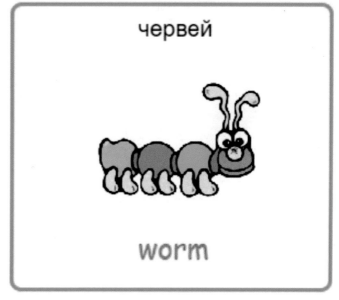

worm

мравка

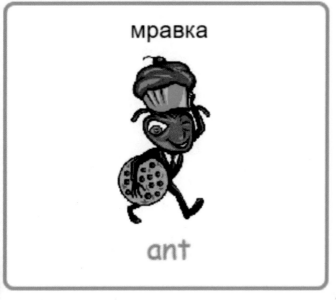

ant

котка

cat

елен

deer

слон

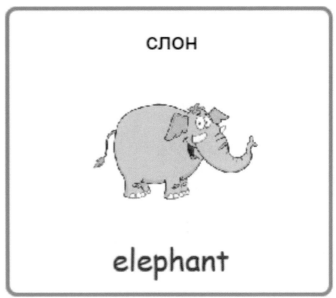

elephant

риба

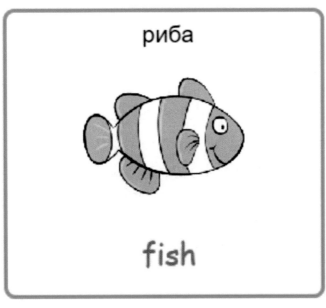

fish

кокошка

hen

игуана

iguana

лъв

lion

кървица

mole

бухал

owl

прасе

pig

петел

rooster

охлюв

snail

турция

turkey

кит

whale

пчела

bee

патица

duck

горила

gorilla

мечка

bear

птица

bird

пиле

chicken

крава

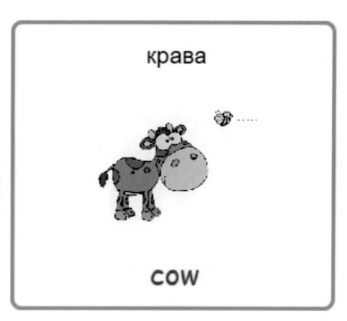

cow

краб

crab

кон

horse

коте

kitten

катерици

squirrel

пеперуда

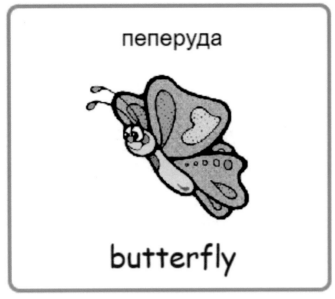

butterfly

камила

camel

делфин

dolphin

орел

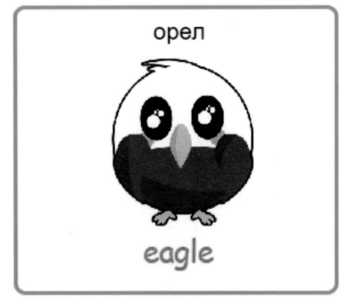

eagle

пиленца

chick

лисица

fox

жаба

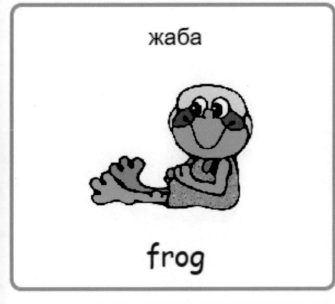

frog

коза

goat

хипопотам

hippopotamus

панда

panda

кученце

puppy

мишки

mouse

пингвин

penguin

змия

snake

паяк

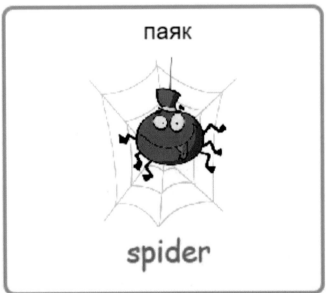

spider

костенурка

turtle

вълк

wolf

мухи

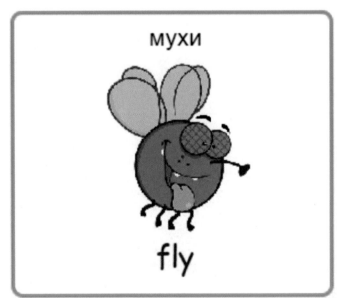

fly

насекомо

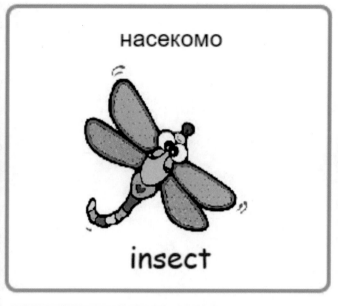

insect

коала

koala

пъдпъдък

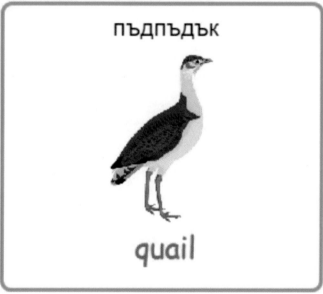

quail

плъх

rat

скунксове

skunk

гепард

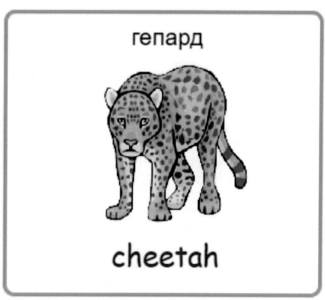

cheetah

гущер

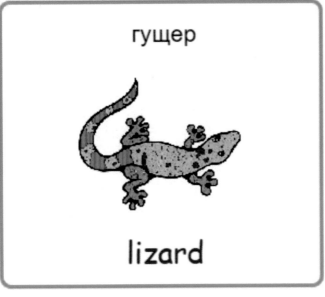

lizard

кобила

mare

щраус

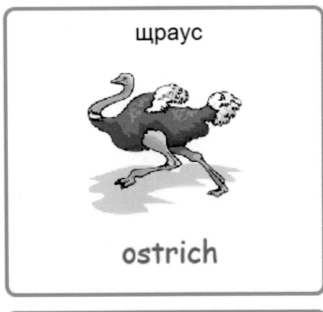

ostrich

стрида

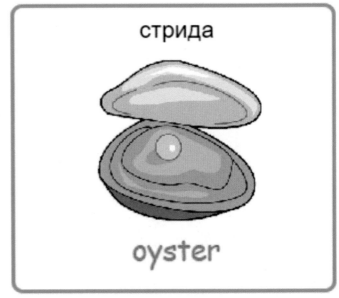

oyster

пеликан

pelican

гълъб

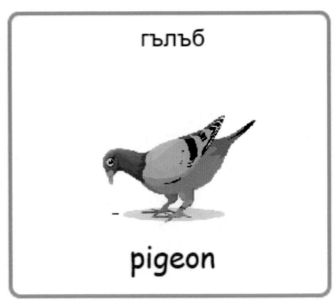

pigeon

северен елен

reindeer

лебед

swan

жабче

toad

лешояд

vulture

морж

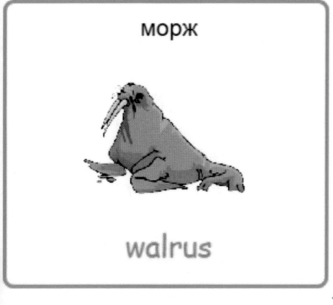

walrus

мида

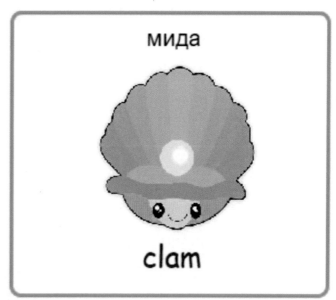

clam

глиган

boar

коляно

knee

ръка

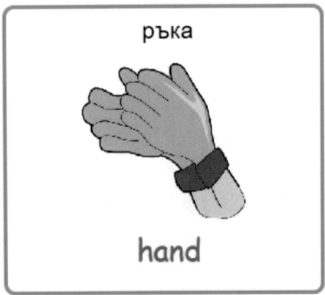

hand

око

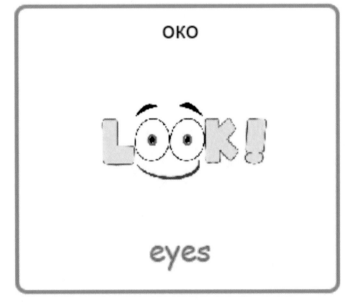

eyes

глава

head

крака

leg

коса

hair

ушите

ears

пръст

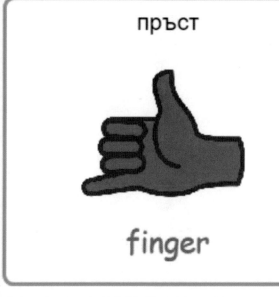

finger

нос

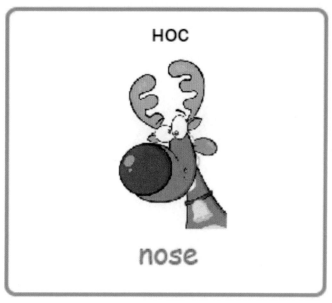

nose

зъб

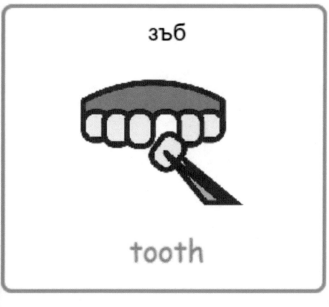

tooth

рамо

shoulder

ръка

arm

брада

beard

брадичка

chin

лакът

elbow

лица

face

уста

mouth

врат

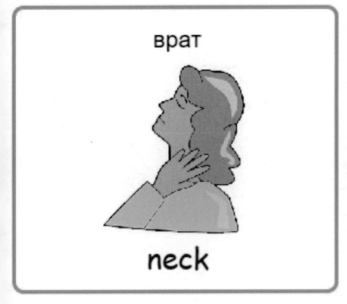

neck

палците

thumb

език

tongue

мускул

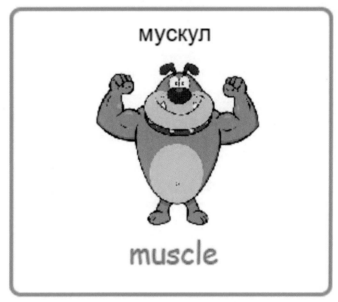

muscle

хип

hip

тяло

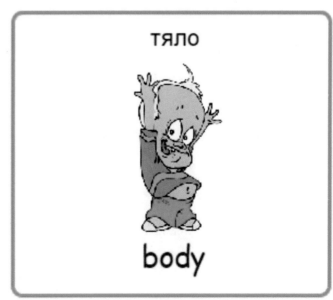

body

сладолед

ice cream

конфитюр

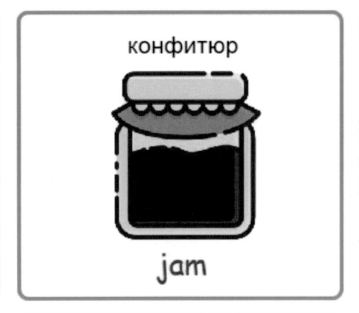

jam

диня

watermelon

торта

cake

оранжев

orange

кисело мляко

yogurt

лимон

lemon

мляко

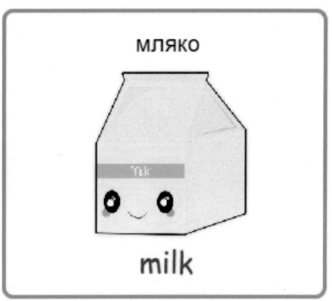

milk

круши

pear

ябълка

apple

хляб

bread

кокосов орех

coconut

броколи

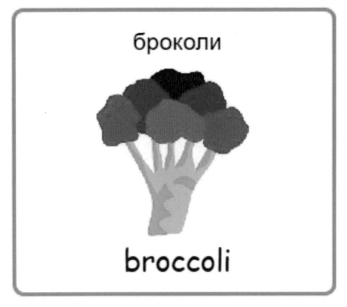

broccoli

грах

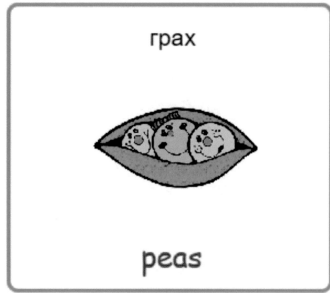

peas

салата

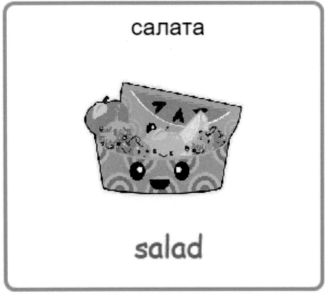

salad

чили

chili

череша

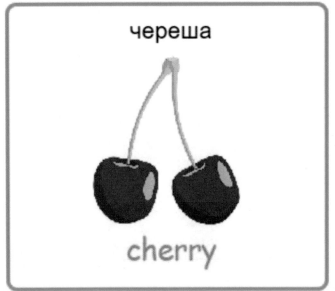

cherry

банан

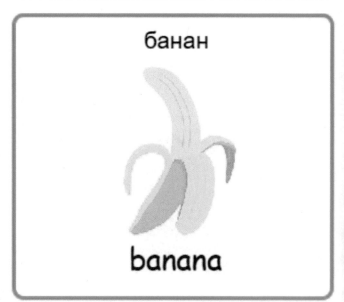

banana

ягода

strawberry

ананас

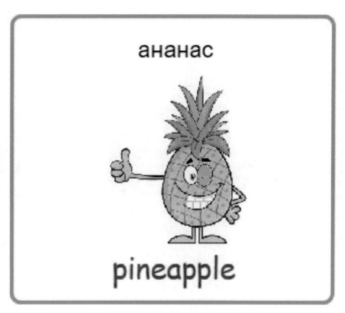

pineapple

боб

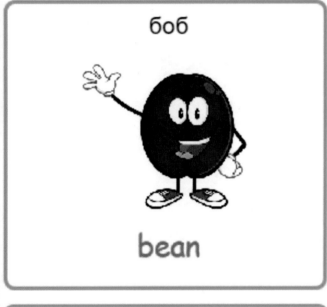

bean

бонбони

candy

шунка

ham

сок

juice

киви

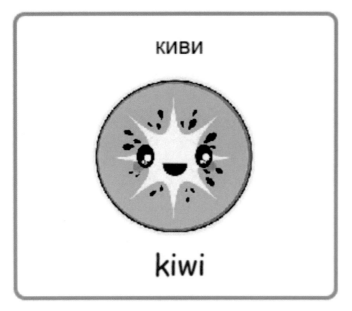

kiwi

месо

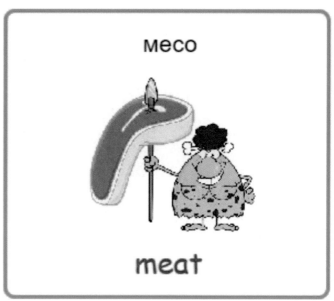

meat

ядки

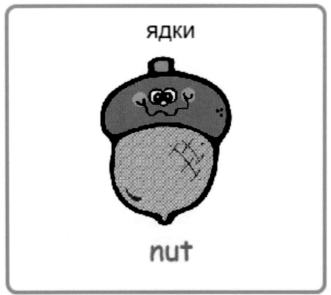

nut

лук

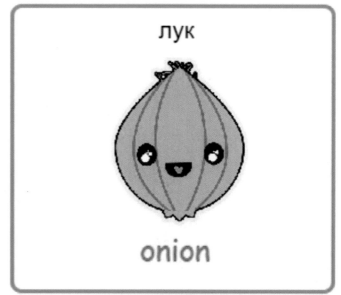

onion

кетчуп

ketchup

сирене

cheese

гроздов

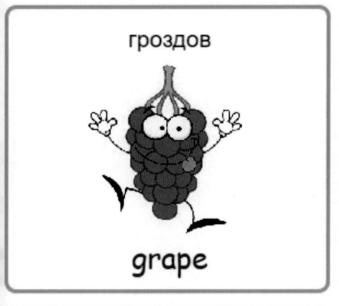

grape

морков

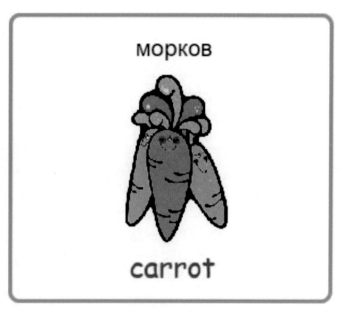

carrot

пудинг

pudding

юфка

noodles

фъстък

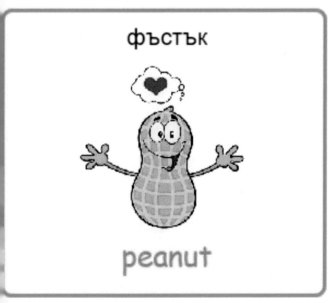

peanut

картоф

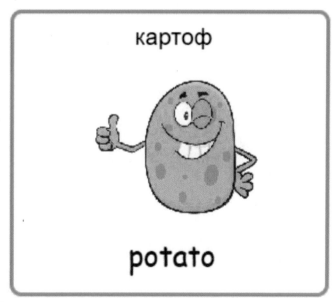

potato

пържола

steak

понички

donut

зеленчуци

vegetable

наденица

sausage

пайове

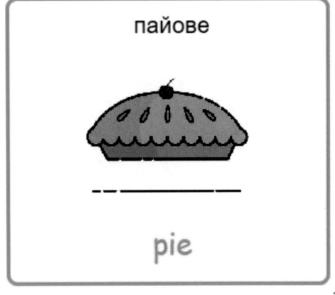

_ _ _ _ _ _ _

pie

пчелен мед

honey

супа

soup

авокадо

avocado

шоколад

chocolate

пица

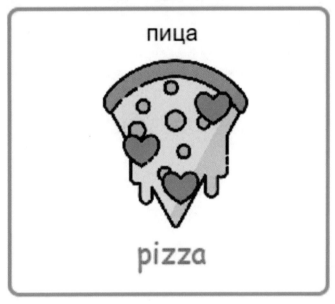

pizza

домат

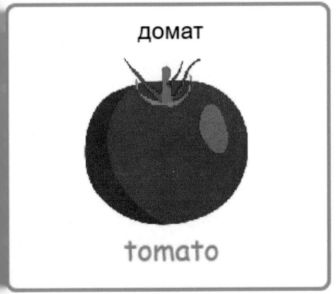

tomato

патладжани

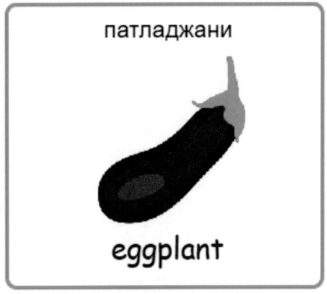

eggplant

краставица

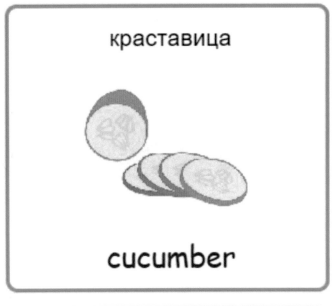

cucumber

грейпфрут

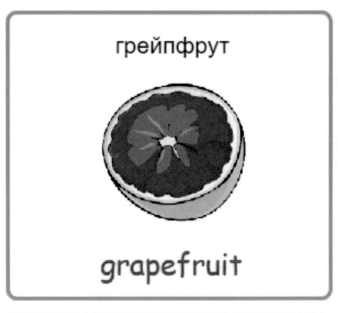

grapefruit

сандвичи

sandwich

праскова

peach

яйца

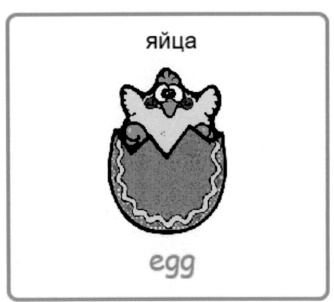

egg

слива

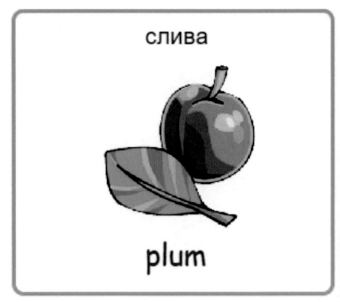

plum

нар

pomegranate

малина

raspberry

мандарина

tangerine

пшеница

wheat

курабийка

cookie

гъба

mushroom

ряпа

turnip

жълъди

acorn

царевица

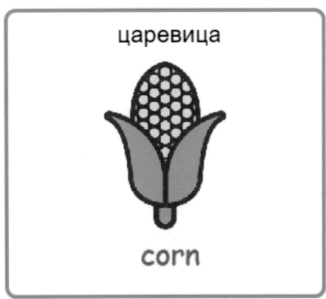

corn

бебе

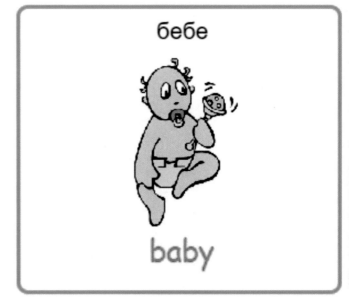

baby

цар

king

деца

kids

кралица

queen

момче

boy

брат

brother

деца

children

фермер

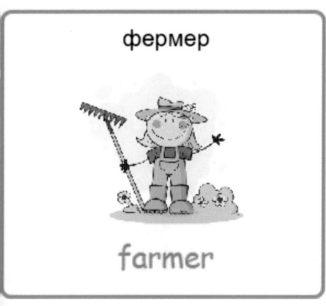

farmer

баща

father

момиче

girl

мъж

man

майка

mother

вещици

witch

сестра

sister

бръснар

barber

приятел

friend

лекар

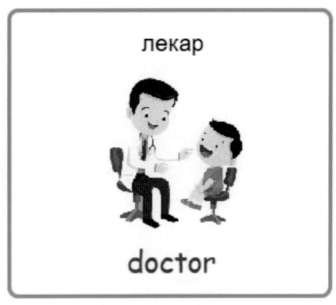

doctor

бавачка

nurse

магьосник

magician

фотограф

photographer

пират

pirate

главен готвач

chef

ангел

angel

рицар

knight

морска сирена

mermaid

принцеса

princess

учител

teacher

татко

dad

художник

artist

музикант

musician

касапин

butcher

лидерите

leader

мениджър

manager

политик

politician

него

him

пекар

baker

грабя

rob

дърводелец

carpenter

полицай

cop

сервитьори

waiter

полицай

policeman

малки деца

toddler

мама

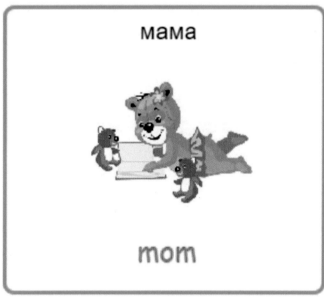

mom

слуга

maid

самолет

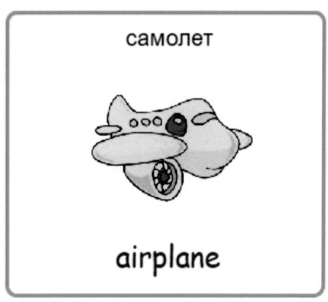

airplane

кола

car

скутери

scooter

велосипед

bicycle

фургон

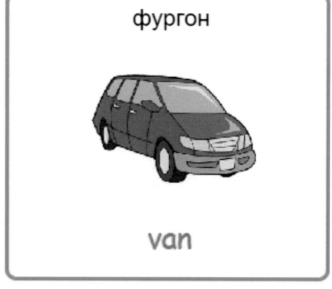

van

автобус

bus

велосипед

bike

влакове

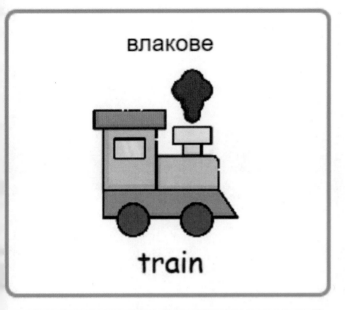

train

камиони

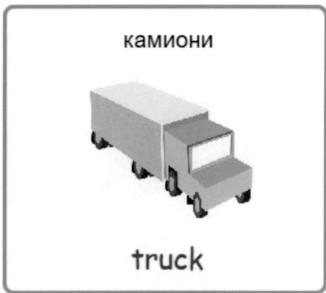

truck

джипове

jeep

такси

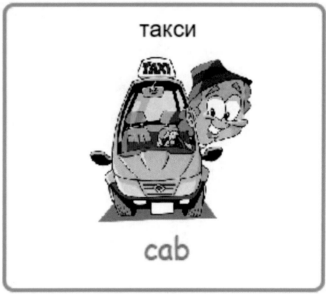

cab

фургон

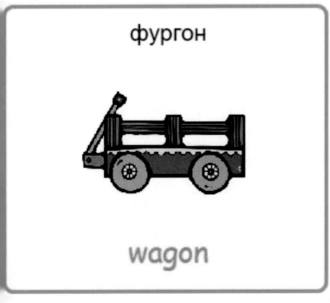

wagon

ракета

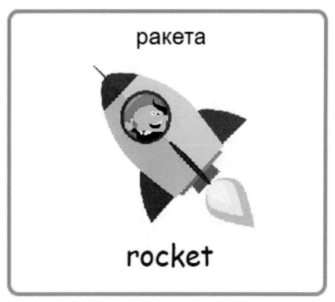

rocket

тарга

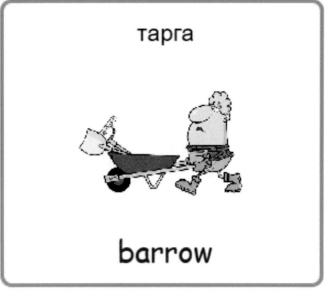

barrow

топка

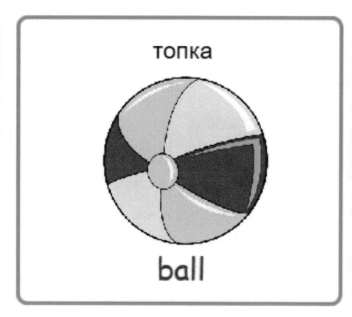

ball

флаг

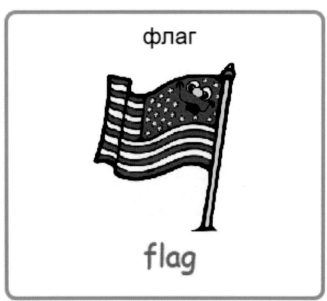

flag

тиган

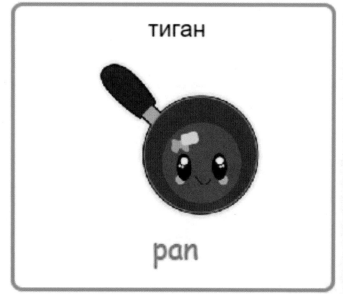

pan

ваза

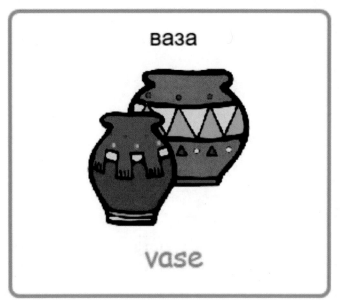

vase

хавлиена кърпа

towel

чанта

bag

кана

jug

раница

backpack

гнездо

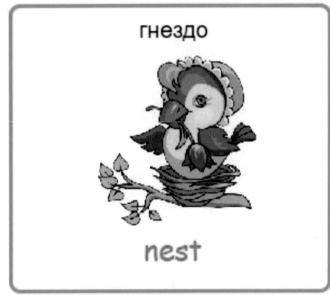

nest

дърво

tree

чадър

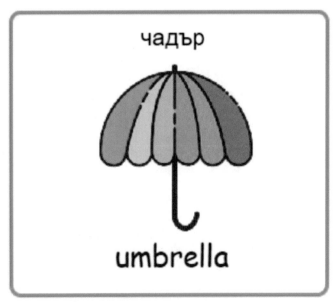

umbrella

вулкан

volcano

котва

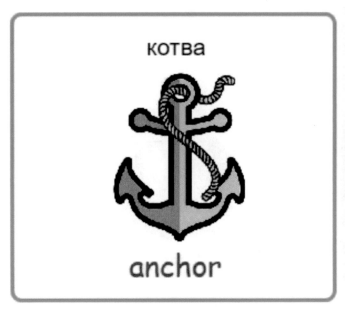

anchor

прежда

yarn

цип

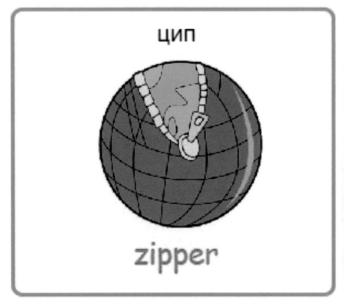

zipper

нашийници

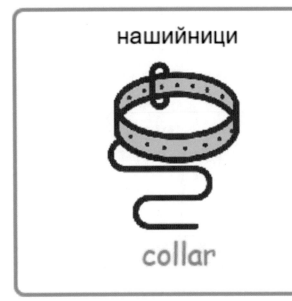

collar

огледало

mirror

Made in the USA
Las Vegas, NV
11 June 2023

73270110R00026